PRÉFECTURE DE LA SEINE

AIDE-MÉMOIRE

DE L'INFIRMIER

A LA COLONIE DE VAUCLUSE

(SEINE-ET-OISE)

Dr BLIN, Chef de service

PARIS
VIGOT FRÈRES, ÉDITEURS
23, PLACE DE L'ÉCOLE DE MÉDECINE
1908

PRÉFECTURE DE LA SEINE

AIDE-MÉMOIRE

DE L'INFIRMIER

A LA COLONIE DE VAUCLUSE

(SEINE-ET-OISE)

Dr BLIN, Chef de service

PARIS
VIGOT FRÈRES, ÉDITEURS
23, PLACE DE L'ÉCOLE DE MÉDECINE
1908

AIDE-MÉMOIRE DE L'INFIRMIER
A LA COLONIE DE VAUCLUSE

Il est de notion courante que des qualités physiques et morales spéciales sont nécessaires pour donner des soins judicieux aux malades atteints, passagèrement ou non, d'affections cérébrales.

Mais il n'a peut-être pas été suffisamment mis en relief que ces qualités doivent être développées au maximum lorsqu'il s'agit de préparer, dans les limites possibles, à la vie sociale, des enfants chez qui, pour des raisons multiples, l'activité intellectuelle n'est pas assez développée pour leur permettre de suivre avec fruit les classes ordinaires.

En effet, quel que soit le zèle des instituteurs spéciaux de la Colonie, et comme instituteurs proprement dits et comme éducateurs, il reste aux Infirmiers, qui vivent constamment avec les enfants, une tâche aussi lourde à accomplir qu'elle est, d'ailleurs, méritante et fructueuse. C'est afin d'esquisser, dans leurs grandes lignes, les fonctions d'infirmier à la Colonie, aussi bien que d'en faire ressortir l'importance, que cet aide-mémoire de l'infirmier a été rédigé, en collaboration avec les instituteurs, surveillants et divers chefs techniques du service, dans le but d'aider ainsi à ses débuts, l'infirmier qui, malgré sa bonne volonté, ne peut, de but en blanc, acquérir des notions que l'expérience seule peut donner.

Il est nécessaire, en effet, que chaque infirmier possède ce guide général de service auquel il puisse se reporter afin d'éviter les tâtonnements du début, de pouvoir utilement et le plus tôt possible concentrer son activité et ses efforts sur un rôle dont on ne saurait trop mettre en valeur l'importance humanitaire.

Nous parlons d'aide mémoire et non de règlement et c'est à dessein : en effet, et quelque paradoxale, quelque bizarre que puisse paraître l'idée au premier abord, lorsqu'il s'agit d'un service social aussi important, l'idéal serait qu'il n'y eût pas de règlement au sens strict du mot et que le service fût considéré, en quelque sorte, comme une affaire de conscience. C'est dire qu'il est à souhaiter que chacun fasse tout d'abord, dans la sphère de ses attributions, ce qu'il y a à faire, au moment où cela doit être fait, et, à l'occasion, n'hésite pas à porter aide à tel ou tel collègue pour le bon fonctionnement du service. Quel est-il donc, ce bon fonctionnement du service qui doit être comme l'étoile directrice de tous ceux qui à un titre quelconque y collaborent ?

Avant de le préciser plus exactement, il est une notion dont chacun doit se persuader, c'est qu'un service général comme celui de la Colonie constitue un tout, dans lequel chaque poste est un rouage nécessaire à la bonne marche de l'ensemble.

Aussi, lorsqu'un infirmier entre dans le service, il ne doit pas considérer ceux que l'âge, l'expérience ou les aptitudes spéciales ont placés hiérarchiquement au-dessus de lui, comme des supérieurs au sens étroit du mot, mais bien plutôt comme des collaborateurs dont le désir et le devoir est de faciliter sa tâche en l'initiant pour le mieux aux connaissances nécessaires à l'accomplissement de son rôle social.

En envisageant les choses de la sorte, bien des froissements, bien des ennuis seraient évités, qui ne peuvent que nuire au service.

Un but commun doit guider tous les membres de la Colonie, c'est l'accomplissement aussi consciencieux que possible de leur fonction et cela ne peut être réalisé que par l'union de tous, la solidarité absolue dans le devoir à remplir.

Nous avons dit que le rôle de l'infirmier à la Colonie est double.

1º rôle d'éducateur.
2º rôle d'infirmier proprement dit.

Rôle éducateur de l'Infirmier.

Une notion dominante, essentielle, doit diriger l'infirmier dans son rôle d'éducateur, c'est qu'il a pour mission de suppléer, de remplacer, dans la mesure du possible, la famille de l'enfant, en même temps que les Instituteurs, et son rôle se trouve, de ce fait, singulièrement rehaussé.

Continuellement en contact avec les enfants, il est leur guide, leur conseiller ; c'est lui qui leur apprend à mettre en pratique les principes enseignés à l'école.

L'enfant étant, par nature, observateur et imitateur, c'est surtout par le bon exemple que l'infirmier améliorera moralement les enfants confiés à ses soins : aussi, aura-t-il une conduite et une tenue irréprochables, ne pouvant prêter à aucune critique, pas plus de la part des parents que du personnel éducateur proprement dit.

Il emploiera un langage, sinon choisi, car il lui faudra souvent se mettre à la portée des intelligences qu'il aura à diriger, mais exempt de toute expression malsonnante.

Il évitera devant les enfants les jugements plus ou moins malveillants sur les divers agents du personnel, tant égaux que hiérarchiquement supérieurs, ainsi que les discussions avec ses collègues.

Il s'appliquera à connaître le caractère des enfants qui lui sont confiés afin de pouvoir en faire part au médecin et surtout d'apprécier les sentiments personnels et affectifs sur lesquels il pourra s'appuyer pour améliorer leur état moral.

Il s'attachera à faire contracter aux enfants des habitudes de discipline, d'ordre, de propreté, de politesse, de respect à l'égard des autres et d'eux-mêmes.

Dans ce but, il organisera et dirigera au besoin leurs jeux, apportant toute son attention à éviter les conciliabules, les attroupements et toutes causes de désordre.

Il se gardera avec soin de préférences toujours remarquées, souvent mal interprétées et se montrera toujours juste et impartial.

La répression des fautes, malheureusement trop fréquentes chez des enfants atteints de défectuosités intellectuelles ou morales, exige beaucoup de tact et de mesure. L'infirmier se conduira à l'égard de l'enfant coupable en père de famille, faisant ressortir à l'enfant, pris à part si possible, le mal fondé et la gravité de ses actes, en lui faisant entendre avec bienveillance combien il nuirait à son avenir en continuant à agir de la sorte, en faisant ressortir à ses yeux que c'est dans son intérêt qu'il lui donne ces conseils. Pour une faute plus sérieuse, c'est devant ses camarades qu'il réprimandera l'enfant, en se rappelant que plus la réprimande est faite avec mesure et dignité, plus elle aura de chances de porter ses fruits.

S'il le juge à propos, l'infirmier fera son rapport au surveillant, lequel en fera part au médecin.

Lorsqu'un enfant est atteint d'une crise d'excitation et devient violent, l'infirmier, s'il voit qu'il est incapable de maîtriser cet enfant sans user de violence, fera appel à ses collègues et, en cas d'urgence, aux enfants tranquilles ; il se rappellera, en tout cas, qu'il est plus facile de maintenir un excité en lui maintenant les bras derrière le dos qu'en se plaçant devant lui. En tout cas, l'infirmier s'efforcera de maintenir l'enfant sans mouvements brusques lesquels, en raison de l'âge du malade, pourraient déterminer des fractures ou des troubles physiques.

Les fautes relatives aux mœurs doivent retenir toute l'attention de l'infirmier ; il s'efforcera de les prévenir par une surveillance constante mais paternelle en quelque sorte, plutôt que par une constatation brutale. En tout cas, l'enfant sera signalé au surveillant, puis au médecin qui le placera dans un dortoir où il sera l'objet d'une surveillance spéciale.

L'infirmier examinera avec soin les livres, brochures, gravures, chansons etc., qu'il trouvera entre les mains des enfants, et remettra au surveillant tous ceux qui lui paraîtront de lecture malsaine.

En cas de réprimande, comme d'ailleurs dans tous ses rapports avec les enfants, l'infirmier aura tout avantage à tenir compte non seulement de l'âge et du degré d'intelligence de l'enfant, mais encore de son caractère, de la manière de le prendre, pourrait-on dire. Il arrivera souvent qu'en traitant l'enfant en personne sérieuse, en affectant d'avoir pleine confiance en lui, de ne douter en rien de sa parole, en flattant même un peu son amour-propre, on aura de bien meilleurs résultats que par les menaces et les corrections.

Il se rappellera, d'ailleurs, qu'il ne lui appartient pas d'infliger lui-même une punition, de quelque nature qu'elle soit, pas plus que de modifier le régime alimentaire de l'enfant ou les prescriptions médicales.

Lorsqu'un infirmier croit devoir se plaindre d'un fait passé dans le service, il s'adresse à l'un des surveillants, à moins qu'il ne juge la chose assez sérieuse pour être signalée directement au médecin, soit au moment, soit après la visite.

En règle générale, l'infirmier peut être persuadé que, à part quelques cas rares, en traitant les enfants de façon ferme, mais amicale, paternelle, nous le répétons, en un mot, en s'en faisant estimer et aimer, plutôt qu'en s'en faisant craindre, il aura le plus grand nombre de chances de les guider dans la bonne voie, d'obtenir des résultats favorables pour leur éducation.

Rôle de l'Infirmier comme gardien proprement dit.

I. *Service de veille.*

Le service de veille est de 12 heures. Les veilleurs sont au nombre de huit dont un fait les remplacements (repos hebdomadaire, maladies etc.,).

Le Chef veilleur seul est logé à la Colonie :

les autres touchent une indemnité de logement.

Le service de veille commence à 7 heures du soir pour finir à 7 heures du matin, les repas étant pris en dehors des heures de service.

Chaque veilleur assure la surveillance d'un dortoir d'où il ne doit sortir sous aucun prétexte, à moins de circonstance absolument exceptionnelle. Seul le Chef veilleur ou son remplaçant, lequel est choisi parmi les veilleurs de dortoirs où reposent des enfants tranquilles, s'absente pour faire des rondes générales dans le service.

Tout veilleur est muni d'un chronomètre qu'il doit pointer chaque demi-heure au poste de contrôle installé dans le dortoir.

A l'heure du coucher, les veilleurs s'assurent que le nombre des enfants présents est égal au chiffre de l'effectif porté sur le carnet de rapport que lui a remis son collègue de jour. En cas d'erreur, il prévient immédiatement le surveillant.

Lorsque les enfants sont au lit, le veilleur prend les pantalons, regarde attentivement s'il n'y a pas dans les poches quelque objet non réglementaire, argent, couteau, etc., et les range dans un placard qu'il a soin de fermer à clef : cette précaution est destinée à éviter, autant que possible, les évasions.

Il est recomandé aux veilleurs de porter spécialement leur attention sur les enfants qui leur sont signalés comme atteints de bronchite légère, diarrhée, comme pouvant présenter des attaques, vertiges, hallucinations, insomnies ; enfin sur ceux qui sont soupçonnés comme pouvant avoir des rapports sexuels avec leurs camarades : d'ailleurs, ces enfants sont placés dans un dortoir spécial, afin d'éviter, autant que possible, toute contamination amorale.

La moindre remarque ou observation pouvant être une indication utile soit pour le traitement, soit pour la surveillance ou le classement des enfants, les veilleurs ont à signaler au carnet de rapport tous les incidents, quels qu'ils soient, survenus pendant la nuit et fournir sur ces incidents tous les détails observés.

Ils changent de linge tous les enfants qui ont gâté et font lever à des heures régulières ceux qui ont une tendance à uriner au lit.

A 6 heures du matin, ils font lever les enfants, puis, après avoir surveillé le pliage de la literie, les conduisent au lavabo pour la toilette.

Lorsqu'un enfant aura gâté au lit, le veilleur s'assurera de l'état de la literie, laquelle ne sera pas pliée si elle a été souillée ; la partie souillée sera brossée à l'eau de savon et le matelas étendu sur deux chaises pour qu'il puisse sécher, à moins que la souillure soit telle que le matelas doive être désinfecté, ce dont le surveillant jugera.

Les enfants qui ne peuvent eux-mêmes faire leur toilette seront aidés par le veilleur du dortoir pour le lavage de la figure et des mains ainsi que l'habillage (mise des vêtements, laçage des souliers, nœud de cravate, etc.,).

Pendant les soins de la toilette, les veilleurs s'efforceront de ne pas exposer aux courants d'air les enfants dévêtus.

Lorsque la toilette est terminée, les enfants sortent du dortoir : l'été, ils restent dans la cour du quartier, alors que pendant l'hiver, ils sont conduits dans la salle de réunion où ils sont surveillés par les veilleurs jusqu'à l'arrivée de l'infirmier de jour, c'est-à-dire jusqu'à 7 heures du matin.

Si, pour une cause quelconque, l'infirmier de jour est en retard ou n'a pu prendre son service, la conscience professionnelle du veilleur lui indique de ne pas quitter son service avant de s'être assuré qu'il est remplacé par un de ses collègues de jour.

De 6 heures et demie à 7 heures du matin, les enfants désignés par le médecin pour prendre des douches froides sont conduits à la salle d'hydrothérapie par l'un des veilleurs. Les enfants du quartier des grands passent en premier ; puis ceux du quartier des moyens et enfin ceux du quartier des petits : en tout cas, les enfants d'un quartier ne doivent entrer dans la salle de bains qu'après que ceux du quartier précédent en sont sortis.

II. *Service de jour.*

Le service du jour est également de 12 heures.

Le nombre des infirmiers de jour est de 18, parmi lesquels 3 sont affectés au service des remplacements (congés annuels, madadies, repos hebdomadaire, etc.)

A l'heure actuelle, les infirmiers de jour sont logés et nourris à la colonie ; mais ils ont la faculté de sortir chaque jour après leur service et de ne rentrer que le lendemain matin à une heure variable suivant les quartiers, heure qui leur est indiquée par le surveillant.

Les infirmiers de jour s'occupent de l'entretien des dortoirs, lavabos, réfectoires, salles de réunion, cours, galeries, W.-C., etc. — Ils ont en inventaire, sous la responsabilité du surveillant, les effets, le linge, la literie, les meubles et ustensiles garnissant les quartiers auxquels ils sont affectés.

Ils veillent à la propreté et à la bonne tenue des enfants placés sous leur surveillance.

Qu'il s'agisse de service de jour ou de service de nuit, l'infirmier ne se livrera à aucune occupation de nature à nuire à une bonne surveillance.

Dès le matin, et avant la visite, les infirmiers s'assurent que les enfants sont propres ; ils portent une attention spéciale sur le cuir chevelu et signalent au rapport ainsi qu'à la visite ceux qui portent des contusions, des blessures ou paraissent souffrants, afin que le médecin puisse les examiner particulièrement.

Dans tous les déplacements nécessités par les occupations des enfants de la colonie, les infirmiers veillent à ce que ces déplacements se fassent en bon ordre, les enfants étant répartis en colonne régulière sur deux rangs.

Le 1er repas a lieu à 7 heures du matin.

A 7 h. et demie, les enfants occupés aux travaux de jardinage ou de couture sortent du quartier, accompagnés d'un infirmier aide-jardinier ou du tailleur, après avoir répondu à l'appel de leur nom, puis sont conduits au travail.

Au cours du travail, à 9 heures et demie, ils ont une demi-heure de récréation et rentrent au quartier à 10 h. 45.

À 8 heures, les enfants désignés pour l'école y sont conduits par les infirmiers qui les accompagnent, en bon ordre, jusqu'à la porte et reviennent les prendre aux heures de récréation et de sortie.

Avant de les laisser entrer à l'école, l'infirmier qui les conduit doit s'assurer qu'ils ont une bonne tenue.

Après avoir déjeuné, les infirmiers s'occupent du nettoyage et de l'aération des salles et dortoirs, de la propreté de la literie, du change du linge sale, mettent en ordre dans les placards le linge et les effets, en un mot s'occupent de tout travail ayant pour but de tenir leur quartier respectif en bon état de propreté.

Il leur est spécialement recommandé de s'entre-aider mutuellement dans le service, s'il en est besoin et de porter toute leur attention à la surveillance des enfants qui leur sont confiés.

En aucun cas les enfants ne doivent rester seuls, toute négligence, à cet égard, pouvant avoir de graves conséquences.

Afin de donner eux-mêmes l'exemple aux enfants, les infirmiers doivent tenir leur chambre en parfait état de propreté, tout en s'abstenant de laisser pénétrer aucun enfant dans leur chambre, sous quelque prétexte que ce soit.

Bains.

Tous les deux jours, et à tour de rôle, de 8 heures à 11 heures du matin, les enfants sont conduits à la salle d'hydrothérapie pour y prendre une douche savonneuse tiède de propreté.

Les infirmiers aident à se dévêtir, à s'essuyer après la douche ainsi qu'à se revêtir les enfants incapables de le faire eux-mêmes pour une raison quelconque.

C'est le sous-surveillant, chargé du service des bains, qui s'occupe en même temps de la coupe des cheveux, laquelle a lieu tous les mois. Pour éviter, autant que possible, les maladies contagieuses du cuir chevelu, lorsqu'un enfant rentre de permission avec des cheveux longs, l'infirmier le signale de suite au sous-surveillant des bains.

Réfectoire.

Les infirmiers servent les enfants à table, et doivent le faire sans l'aide d'aucun enfant.

A midi et demie, reprise du travail au jardin et à l'atelier de couture.

Dans l'après-midi, les infirmiers s'occupent aux divers travaux du quartier, nettoyage des lits et sommiers, battage des couvertures, frottage du parquet, lavage du sol des salles de réunion et réfectoires.

Les placards contenant les effets et le linge des enfants doivent être tenus dans le plus grand état de propreté et rester strictement fermés en l'absence de l'infirmier qui en est chargé.

Chaque enfant a un trousseau de sortie composé d'un pantalon, d'un gilet, d'une vareuse et d'un béret.

Après chaque sortie, le trousseau sera brossé, plié, et une étiquette portant le nom de l'enfant sera attachée au trousseau.

Promenades.

Les enfants sont conduits en promenade le jeudi et le dimanche, de 3 à 5 heures. Ceux du quartier des petits et ceux de la 2me division des moyens, inoccupables au jardin ou à la couture, sortent chaque jour de 1 à 4 heures, lorsque le temps le permet.

Avant le départ pour la promenade, les infirmiers s'assurent que les enfants sont propres, que leurs vêtements sont en bon état, leurs souliers lacés et cirés.

Il est expressément recommandé aux infirmiers, par mesure de sûreté, surtout étant donné la vitesse des voitures actuelles, de ne laisser avancer les enfants sur la route qu'après s'être assurés eux-mêmes qu'il n'y a aucun danger à leur sortie.

Pendant les promenades qui ont lieu au dehors de l'établissement, les infirmiers choisiront de préférence les petites routes forestières non fréquentées par les automobiles : sur les routes, ils feront marcher les enfants, en rang et par deux, sur les bas-côtés de la route. Des haltes seront faites, de préférence à des endroits où les enfants puissent jouer sans danger. D'ailleurs la chose est facile, puisque les enfants peuvent être conduits dans les bois dépendant de l'Asile.

Les infirmiers prendront soin à ce que les enfants ne commettent aucune déprédation et ne pénètrent pas dans les propriétés privées.

Parloir.

Les enfants, sauf exception, peuvent être visités le jeudi et le dimanche de midi et demie à trois heures.

Un infirmier de chaque quartier est présent au parloir, prend les noms des enfants qu'on désire visiter et les fait connaître à l'infirmier resté au quartier, afin qu'il leur fasse revêtir la tenue de sortie. L'infirmier de service, après s'être assuré que l'enfant est proprement et correctement habillé, le conduit au parloir.

Etant donné que le médecin se tient au parloir pour fournir aux familles des renseignements sur l'état et le traitement des enfants, il est recommandé spécialement aux infirmiers de s'abstenir de fournir, à ce sujet, des indications quelconques aux visiteurs.

Sorties.

Les enfants allant en permission ne doivent emporter aucun effet appartenant à l'Asile : les infirmiers signaleront au surveillant les enfants qui sortiraient avec des boîtes ou paquets.

Les enfants autorisés à sortir avec leurs parents, pour la journée, doivent être rentrés à 5 heures du soir.

Les deux infirmiers de service à la porte d'entrée reçoivent les enfants et les accompagnent dans leur quartier après les avoir fouillés et avoir remis au surveillant les friandises, journaux, gravures, articles de fumeur, instruments tranchants, etc., trouvés sur eux.

Lorsqu'un enfant revient de permission, l'infirmier aux soins de qui il est confié doit regarder attentivement s'il ne porte pas sur le corps des traces de coups, des croûtes sur la tête, des éruptions, etc., en un mot toute chose digne d'être signalée au médecin.

Il est recommandé spécialement aux infirmiers de refuser tout cadeau en nature et en argent.

Gymnastique.

Les leçons de gymnastique sont données 2 fois par semaine, le jeudi et le dimanche, de 9 à 11 heures du matin.

Les enfants qui y prennent part sont divisés en 2 sections selon leur force.

Un infirmier de la 1re division du quartier des moyens va chercher les enfants désignés dans les divers quartiers et les conduit à la salle pour les reconduire à leurs quartiers respectifs après la leçon.

Musique.

Les leçons de musique ont lieu les lundi et jeudi de chaque semaine de 6 à 8 heures du soir.

Le sous-surveillant ou, en son absence, un infirmier de la 2me division du quartier des moyens, réunit les enfants désignés dans la salle de cours, les surveille pendant la leçon et les reconduit dans leurs quartiers.

Repas du soir.

Il a lieu à 5 heures.

Après le dîner, il est donné à chaque enfant, dans tous les quartiers, environ dix centilitres de solution d'acide thymique dans un verre d'eau.

Les infirmiers veillent à ce que l'enfant se rince la bouche avec cette solution et la rejette dans un récipient que passe l'infirmier de service du réfectoire.

Avant de quitter son service, tout infirmier de jour fait un rapport sur les incidents survenus au cours de la journée ; il mentionne les mutations opérées parmi les enfants de son quartier et note l'effectif des colons présents.

Ce carnet de rapport est remis au veilleur en quittant le service et, ainsi qu'il a été dit à propos du service de veille, l'infirmier, conscient de l'importance de son rôle, ne doit quitter son service qu'après s'être assuré qu'il est remplacé par le veilleur.

Après le repas du soir, à six heures et demie, les enfants qui le désirent peuvent venir, sous la conduite d'un infirmier, prendre part à une lecture d'agrément, laquelle lecture est faite sous la surveillance du surveillant chargé des fonctions d'instituteur adjoint.

Telles sont, dans leurs grandes lignes, les indications de nature à guider l'infirmier dans ses fonctions à la Colonie de Vaucluse.

Quand l'infirmier s'en sera bien pénétré et aura apprécié surtout l'esprit qui en a guidé la rédaction, il les complétera facilement soit par l'expérience qu'il pourra acquérir lui-même, soit par les cours professionnels qu'il suivra, soit enfin par les conseils que ses anciens ou ses chefs seront toujours heureux de lui donner et pour le bon fonctionnement du service, et pour bien marquer cette solidarité sur laquelle on ne saurait trop insister, solidarité qui est comme la pierre angulaire du service et doit nous unir tous dans l'accomplissement d'une œuvre dont la portée est si élevée puisqu'elle permet, dans la mesure du possible, de rendre à la vie sociale des citoyens qui, sans le concours de tout le personnel, seraient restés des non-valeurs à la charge de l'Etat.

Un but unique doit donc tous nous guider, c'est l'intérêt du service. Le service étant assuré, tout employé de la Colonie peut être certain de rencontrer auprès de ses Chefs hiérarchiques, ou plutôt de ses collaborateurs, toutes les facilités de nature à lui rendre plus agréable sa tâche familiale et sociale.

D' BLIN.

MONTDIDIER. — IMPRIMERIE J. BELLIN.

www.ingramcontent.com/pod-product-compliance
Lightning Source LLC
Chambersburg PA
CBHW060450050426
42451CB00014B/3256